Para Ana,

Que con empeño preservar
la belleza de las letras
hispanas en los Estados Unidos.

Benito

PROSTÍBULO DE LA PALABRA

Benito Pastoriza Iyodo

Para Ana,
Que promueve el valor de
la traducción y la poesía
hispana en los Estados
Unidos.

Brad

BROTHEL OF THE WORD

Traducción, notas y edición por
Bradley Warren Davis

Portada: "Sillón Pájaro" (aquafuerte y aguatinta-15 x 15cm)
por Dora Garraffo © 2011
Colección del traductor/editor (uso con permiso de la pintora)
Fotografía para la portada por Bradley Warren Davis

Traducción, notas y edición por Bradley Warren Davis

Prostíbulo de la palabra, primera edición, Copyright © 2012
Derechos del autor pertenecen a Benito Pastoriza Iyodo

Brothel of the Word, traducción de *Prostíbulo de la palabra*, y las notas,
Copyright © 2012 por Bradley Warren Davis

ISBN: Softcover   978-1-4691-2718-7
           Ebook   978-1-4691-2719-4

This book was printed in the United States of America.

To order additional copies of this book, contact:
Xlibris Corporation
1-888-795-4274
www.Xlibris.com
Orders@Xlibris.com
114019

Et croire parce qu'on aurait intérêt à croire, c'est une prostitution de l'âme.

Henri Barbusse

La parole a été donnée a l'homme pour déguiser sa pensée.

Charles Maurice de Talleyrand-Périgord

breviario de cuerpos

breviary of bodies

el breviario del cuerpo nocturno
se revela ante el frío integral
de días agazapados en sueño
frío de los trópicos sonámbulos
devolviendo la marea de algas
de fantasmas con fronteras tibias
que se reconoce en la sal del pecho
olvidado por el hombre astrológico
en su cautiverio de noches violentadas
cerradas en un medioevo de cárceles
de soles brillantemente ausentes
allí queda el breviario tímido
formándose cuerpo en un estanque
remando en la sonoridad de su espuma
conociendo en la lentitud de la noche
el mimetismo ensordecedor de las estrellas

the breviary of the nocturnal body
reveals itself before the integral chill
of days seized in dreams
gelidity from the somnambulant tropics
disgorging the tide of algae
of phantoms with warm borders
that recognize themselves in the salt of the chest
forgotten by the astrological man
in his confinement of disturbed nights
immured in a medieval age of prisons
of suns brilliantly absent
there remains the timid breviary
forming its body in a pond
rowing in the sonority of its foam
knowing in the slowness of the night
the deafening mimicry of the stars

porque no habrá juegos maquiavélicos
fornicando en el nido negro de la musa
la melodía insondable del viento macho
será ceniza penetrante más que dolorosa
deseo de cuerpo solapado por las sábanas
en sudor de sangre eyaculando las lunas
las perlas desesperadas de una península
adherida al torrente de los fuertes volcanes
y allí en el medio centro taciturno del mundo
quedará la debilidad redención de los cuerpos
la soledad del hombre la soledad de la mujer
y una paz de los pechos espigada en la noche

because there will be no machiavellian games
fornicating in the black lair of the muse
the unfathomable melody of the manly wind
will be ash more penetrating than painful
corporal desire concealed by the sheets
in bloody sweat ejaculating the moons
the desperate pearls of a peninsula
adhered to the torrent of strong volcanoes
and there in the middle the taciturn center of the world
will linger the weakness redemption of the bodies
the solitude of the man the solitude of the woman
and in their breasts a peace gleaned in the night

en las ciudades perdidas
los hombres no pretenden
ser hombres van desnudos
como viejos niños nadando
en los ríos de la sexualidad
prematura de su conciencia
o en todo caso lo mismo da
infantes sin el tropiezo de vida
brevemente brindados de rabia
buscando el epicentro del placer
ambicionando o acaso tal vez
ser los elementos más distantes
ser la taza hueca vacía desprovista

in the lost cities
men do not strive
to become men they go naked
like old boys swimming
in rivers of sexuality
premature of their consciousness
or in any case it makes no difference
infants without the obstacles of life
briefly given to anger
seeking the epicenter of pleasure
aspiring or by chance perhaps
to become the most distant elements
to become the deprived empty shallow cup

un fósil dolor es una mujer
tejiendo su ronda nocturna
hurgando la calle a poca luz
arriesgando la vida a la vuelta
de la esquina punto de negocio
autos lentamente conociendo
la tácita mercancía el desaforo
lo que queda del cuerpo venéreo
descubriendo la mentira estancada
casi descalza desnuda va la mujer
atando todos los horizontes viejos
imaginándose la muerte de un edén
va la mujer inventando la costumbre
el sacerdocio de una noche de ronda

a fossilized pain is a woman
weaving her nocturnal rounds
rummaging through the dimly lit street
risking her life just around
the corner where business is conducted
automobiles slowly getting to know
the tacit merchandise the infringement
that which is left of the venereal body
discovering the stagnant lie
almost barefoot nude the woman continues
tying all of the ancient horizons
imagining the death of an eden
the woman continues inventing the custom
the vocation of her nightly rounds

l'ancienne vieille putain du quartier
the slut of the night and the corner
la mujer de la noche la cualquiera
la prostituta la que hace la ronda
la meretriz la mesalina la hetaira
con todos los machismos inventados
y reinventados en paranoia desorden
no es la Celestina Marina o Silvina
literaria mentira de los hombres
para presentarse públicamente
para presentarse políticamente
sin tropiezos de alma y cuerpo
desgastada por el atropello
más bien ángel sin alas
luna del tiempo ebrio
sofocada mentira callada
más bien no presentarla
porque el invento nos pone
en desgracia en asombro
y en vergüenza

l'ancienne vieille putain du quartier
the slut of the night and the corner
the woman of the night the nobody
the prostitute the one who makes her rounds
the bawd the streetwalker the courtesan
with all the machismos invented
and reinvented in disorderly paranoia
she is not the Celestina Marina or Silvina
literary lie of men
to be presented publicly
to be presented politically
without obstacles of body and soul
wasted by assaults
better yet angel without wings
moon of time intoxicated
suffocated quiet lie
better yet not to present her
because the invention puts us
in disgrace in fear
and in shame

infantas

vampiresas de un color
bruno ébano desertizado
pisando van los hábitos
terriblemente reveladores
de las causas en atropello
que experimentaron derrota
de los crucifijos masturbados
por indolencia de los tiempos
saturada oración en tormento
soleada por el cristo en pena
que se diseca en los desiertos
de conventos apenas alumbrados
por teólogos que se reinventaron
la ignominia de la menesterosidad

infantas

vampiresses of pitch
black desert-like ebony
go plodding onward their habits
terribly revealing
of the causes under attack
that suffered defeat
of crucifixes masturbated
by indolences of the times
saturated prayer in torment
bathed in light by the christ in sorrow
dissected in the deserts
of convents barely illuminated
by theologians who reinvented
the ignominy of destitution

trilogía del lupanar

I

sus movimientos delfinizados abren la puerta liberada del
tiempo el rostro entumecido atrapado de mil mares calla la
agonía de vivir tiempo por cuánto en ese cuerpo rendido
por la piel desgarrada por el dinero gastado por el teniente el
capitán el sargento el coronel el soldado raso y todos los que
te abusaron todos los que te usaron para soltar la honda rabia
para soltar a gritos todos todos los nombres de los torturados
de los asesinados porque ya no se pueden llevar en el pecho
bien enterrados en el pecho que te abrasan como si fueran
dagas encendidas del infierno ay ay no quise me obligaron
tenía que ser macho probar mi lealtad el nombre el nombre
cómo se llamaba el cuerpo sigue abierto bien rendido de
confesiones de muertes de rosarios que el prostíbulo santifica
en el nombre del padre del hijo del espíritu santo y quedas
absuelto para siempre porque el dinero los pesos los sucres los
bolivianos los cruceiros los colones quetzales lempiras córdobas
balboas guaranís soles bolívares todos te han absuelto liberado
para siempre libre del espanto de la mirada ensangrentada
del cuerpo perforado ella abierta rendida lo ha recibido todo
como sacerdotisa purificadora de los males

trilogy of the brothel

I

their dolphinized movements open the door liberated from
time the numbed face trapped by a thousand seas quiets the
agony of living for who knows how long in this body overcome
by the torn skin by the money spent by the lieutenant the
captain the sergeant the coronel the private and all those
who abused you all those that used you to unleash their deep
anger to shout out all the names of those tortured of those
murdered because they can no longer carry them in their
chest well buried in the chest so they embrace you as if they
were burning daggers from hell ay ay I didn't want to they
forced me I had to be macho to prove my loyalty the name the
name what was the name of that body he remains open worn
out from confessions of deaths of rosaries that the brothel
sanctifies in the name of the father of the son of the holy
spirit and you end up absolved forever because the money
the pesos the sucres the bolivianos the cruceiros the colones
quetzales lempiras córdobas balboas guaranís soles bolivars all
have absolved you liberated forever free from the fear of the
bloody stare of the perforated corpse she open surrendered
has received it all like a priestess purifier of evils

II

quedarte la noche comprada
tomarte el tiempo necesario
sentirte perdido en los brazos
ajenos desprovistos de culpa
despreocuparte la circunstancia
entregarte sí develarte ante mí
desgracia del bien desgraciado
necesitarte fingir la irreflexiva
pasión del cuerpo enredado
es parte del rito en alquiler
es parte de la entrega
amor del cuarto 23

II

to stay the night already bought
to take the necessary time
to feel yourself lost in the arms
extraneous devoid of blame
without worrying about the circumstance
to surrender yourself yes to reveal yourself before me
disgrace of the very disgraceful
needing to feign impetuous
passion of the body entwined
is part of the ritual for hire
is part of the surrender
love in room 23

III

hay que despuntar el silencio
para desconocer el amor
germinarlo
minuto a minuto
segundo a segundo
sin máscaras
sin tropiezos
entregado a sí mismo
desnudo
develado
fronterizo
simplemente
él mismo

III

one must break off the silence
to become unaware of love
germinate it
minute by minute
second by second
without masks
without obstacles
surrendered to oneself
naked
exposed
on the border
simply
oneself

para dónde van los rostros borrados
escapando la ausencia de la mirada
de unos ojos vacilantes entes vacíos
buscando en el crucigrama de la piel
los carbones simples con que se escribe
la misma historia desmemoriada de ayer
pedazos de carne naufragando en el oficio
se dan el mismo hombre la misma esquina
en el barrio suenan las sirenas los boleros
y sólo queda la definición de unos tacones

where are these blank faces going
escaping the absence of the gaze
of some flickering eyes empty beings
seeking in the crossword of the skin
the simple carbons with which one writes
yesterday's same unremembered story
pieces of flesh floundering in their calling
the same man the same street corner
in the neighborhood the sirens the boleros echo
and all that remains is the definition of tapping heels

fronteriza

se ha transfigurado lo verde
para descubrir la presencia
átomo abierto de par en par
coloquio entregado al minuto
inocente para que la denominen
innombrable ajena de sustantivos
en este concierto en esta infamia
de noches medievales exoneradas
y desamar las encarnadas soledades
es volver a disentir en los desafueros
metamorfosis de noches sin fronteras

borderwoman

the green has transfigured itself
to discover the presence
atom opened wide
colloquium given to the minute
innocent so she can be named
unnamable estranged of nouns
in this concert in this infamy
of exonerated medieval nights
and to unlove the incarnate solitudes
is to dissent again in the excesses
metamorphosis of nights without borders

un ojo ha visto la pena de la locura
tirarse del trasmundo en alas negras
a la ciudad maldita rogando limosnas
en cada avenida en cada casa de placer
pintando la sombra del párpado rojo
delineando el fino labio de la seducción
las uñas con el esmalte de rabia carmesí
con el rocío del perfume lento subiendo
el escote el cuello la nuca los pendientes
y el alma sexual queda esparcida al viento
rota en dos pedazos de hielo solar antártico
develando la suave falacia del viejo placer

an eye has seen the shame of madness
launch itself from the beyond in black wings
to the cursed city begging alms
in every avenue in every house of pleasure
painting the shadow of the red eyelid
outlining the thin lip of seduction
the nails with a sheen of crimson anger
with a mist of perfume rising slowly
the neckline the neck the nape of the neck the earrings
and the sexual soul remains scattered in the wind
broken in two pieces of solar antarctic ice
revealing the suave fallacy of the ancient pleasure

tre principesse

Sharlene

no it's not me
non sono io che cerca
me buscas en el tacto de la otra
en una cremallera que revela
lo que no quieres
o acaso es lo prohibido que apeteces
delineado queda el labio del crayón
la sombra del párpado en polvo
la transfiguración del rostro
acometido por la rabia del rimel
un perfume violentado
de fragancias femeninas
el perverso trueque
de una epidermis engañada
but no it's not me
je ne suis pas
la principessa che cerca
de encantos engañados
soy el hombre de más sutil
ensueño prematuro de aura y vida
encadenado al vil destello
de este riesgo que te acomete
soy el hombre

tre principesse

Sharlene

no it's not me
non sono io che cerca
you look for me in the touch of the other
in the fastener that reveals
that which you want
or by chance the prohibited is what you crave
the lip remains outlined by the crayon
the shadow of the eyelid in powder
the transfiguration of the face
overcome by the fury of the mascara
an outrageous perfume
of feminine fragrances
the perverse exchange
of a deceiving epidermis
but no it's not me
je ne suis pas
la principessa che cerca
of the deceitful charms
I am the man of more subtle
premature fantasy of aura and life
chained to the vile glitter
of this risk that assails you
I am the man

mujer de tu fantasía
la cremallera que revela
lo que no quieres
y más bien
sí quieres

woman of your fantasy
the zipper that reveals
that which you do not want
and yet
you truly desire

Chantal

la peluca queda en la cuneta
aquel desborde de rizos
rubios ensortijados por la noche
ensangrentados de un rojo vivo
aún humedecidos
por el rubor de la sangre
tacones diestros de caminata aprendida
quedan desprovistos
del vivo sandunguero
la noche la nochísima noche
te espantó te robó la vida
de unas llantas que aplastaron
el rostro que tan finamente
construiste de encantos
y esencias femeninas
ocultando todo el descabellado
horror masculino que borraste
ahora la noche nochísima te traga
con una muerte de pisoteadas
de voces que te gritan
muere marica muere puto
de un crayón esparcido
en la orilla en la calle
la uña esmaltada
en oro y plata

Chantal

the wig remains in the gutter
that exuberance of blond curls
coiled by the night
bloodstained an incandescent red
still moist
from the blush of blood
skillful high heels in a learned walk
remain deprived
of the lively strut
the night the nightliest night
scared you robbed you of life
by the tires that crushed
the visage that you so exquisitely
constructed of charms
and feminine essences
hiding all the crazy
masculine horror that you erased
now the nightliest night swallows you
with a death of tramplings
of voices screaming at you
die faggot die you tramp
of a crayon flung
on the side of the road
the enameled fingernail
in gold and silver

y el bolso que se abre a la noche
noche nochísima noche
en un homicidio
de las cuatro y veinte
de la mañana

and the purse that opens to the night
night nightliest night
in a homicide
at four twenty
in the morning

Dharma

me especializo
en banqueros políticos y abogados
la perfección de un invento
que me piden
la media malla
que se desliza por la cintura
el escote bajo
que evidencia
el bustier de provocación
y anhelo
el quid pro quo
de nuestro empeño
yo el joven el joven
que para ti
se viste
de la dominatriz
de tu revuelo
el espanto en latigazos
que despurifica la memoria
de la esposa trofeo
que desgraciadamente necesitas
soy el quid pro quo
de tu conciencia
la sacerdotisa transformada
de tus sueños

Dharma

I specialize
in bankers politicians and lawyers
the perfection of an invention
that they request
the mesh stockings
that begin at the waist
the plunging neckline
that shows evidence
the provocative bustier
and desire
the quid pro quo
of our endeavor
me the young one the young man
that for you
dresses
as the dominatrix
of your turmoil
the fear of whippings
that adulterates the memory
of the trophy wife
that you unfortunately need
I am the quid pro quo
of your conscience
the transformed priestess
of your dreams

alquimia

cuerpos cubiertos por las sábanas azules
de la mañana que se estanca en la noche
se quedan flotando en unos ríos inventados
del artificio de un fácil simulacro de amor
donde la pena no se aguanta por desvelo
y la decadencia se les mete por los poros
besando más pieles de trampas agujeradas
comiéndose lo que les queda de la noche
alquimia de la mentira que pretenden negar
porque el dolor aprieta más que la sustancia

alchemy

bodies covered by blue sheets
of the morning that stagnates in the night
remain floating in rivers invented
from the artifice of an easy mockery of love
where shame is not tolerated through insomnia
and the decadence seeps into their pores
kissing more skins of pinpricked traps
devouring what is left of the night
alchemy of the lie that they pretend to deny
because the pain restricts more than the substance

mordiendo

pensar que vas leyendo que vas desnudándote en este sobrado
poema de un minuto fugaz donde todos los segundos son
perplejos insignificantes a la retórica del tiempo donde lo
efímero habita la casa del poder ayunando pensamientos
crees seducir la mañana universal que hurtándote va el
placer de olvidar lo puesto de este sol inviolable y tú dándote
entregándote a la carrera del no existir hoy día de tu muerte
amor de las esquinas amor de las recámaras antiguas la piel
desgastada por las resonancias de las horas y en aura vas leyendo
la poesía sobrada con tu ojo izquierdo para saber que para algo
sirvió toda la epidermis que los hombres te mordieron para
saciar almas desgarradas

biting

to think that you are reading that you continue to disrobe in this immoderate poem of a fleeting minute where all of the seconds are perplex insignificant to the rhetoric of time where the ephemeral inhabits the house of power fasting thoughts you believe you can seduce the universal morning that steals the pleasure of forgetting what has been done by this inviolable sun and you giving yourself surrendering yourself to the race of non-existence today day of your death love of the street corners love of the ancient bedrooms the skin weathered by the resonance of the hours and in the aura you are reading this immoderate poetry with your left eye to know that all the epidermis that men bit to satiate their shattered souls served for something

las infantas no rendidas
a la vuelta de la esquina
profanando la bendición
de los hombres malditos
se suspenden en silencio
en los puentes en las vías
para arroparse de la tarde
con una seducción de besos
armándose de hilos solares
para encender el cigarrillo
para verse en la lumbre
para saberse inocentes
de todos los males que
el hombre ha inventado

the infantas not subdued
around the corner
profaning the benediction
of the accursed men
suspend themselves in silence
on the bridges on the roads
to cloak themselves with the afternoon
with a seduction of kisses
arming themselves with solar threads
to light the cigarette
to see themselves in the flame
to know themselves innocent
of all of the evils that
man has invented

enredo

los cuerpos envueltos enredados en las piernas
en los brazos en los labios de sus ramas y sus hojas
como buscándose definir en la constancia de la palabra
trepan andan se auscultan el párpado la mirada pasean
los cielos se inventan los juegos de nubes destellos de
relámpagos libres calan se ahondan penetran las tierras
todo un enredo de orígenes y comienzos alear altos
adormecidos bajar bárbaros embrutecidos en la noche

tangle

the intertwined bodies tangled at the legs
at the arms at the lips from their branches and leaves
as if looking to define themselves in the constancy of the word
they climb walk auscultate the eyelid the gaze they stroll
the heavens invent games with clouds bolts of
free lightning they pierce probe penetrate the earth
all a tangle of origins and beginnings fluttering high
soporific coming down brutish barbarians in the night

a pesar de la cargada lluvia vive camina hace su ronda de bulevar con las medias mojadas en barro y se le mueren las manos de frío tantito así se pone a tararear el éxito de amor que se oye en la radio del cuarto 523 o del 526 poco de sí misma se arrincona en un lullaby mayor dale con cantar con las gotas con la lluvia con el organillo de Madero y Juárez cielo que se le pinta negro más que negro por la noche que la olvida que se la come a tragazos en el rincón de Madero y Juárez

in spite of the pouring rain she lives walks makes her rounds of the boulevard with her stockings wet in clay and her hands withering from the cold and so she sets out to hum a bit of the hit love song that one hears on the radio in room 523 or 526 a little piece of her huddles in a corner of a major lullaby given to singing with the raindrops with the organ grinder on Madero and Juarez a sky painted black more than black by the night which forgets her that eats her in gulps on the corner of Madero and Juarez

acostarse con cuerpos en calles de septiembre
húmedos con tufarada a perfume de segunda
como si la noche se los hubiese tragado vivos
vituperados por la escala que la sociedad finge
sentir la disonancia humana que requeteinvade
lo venéreo venéreo rojo de los seres sanguíneos
y favorecer cantarles a las estrellas vespertinas
como cualquier poeta romanticón a la ultranza
ya gastado ya recriminado ya sobrado de poesía
no es extrañeza del día en los caminos muertos
de septiembre en el rincón bulevar de septiembre

to sleep with bodies of september streets
humid with the pungent smell of second hand perfume
as if the night had swallowed them alive
censured by the standard that society feigns
to feel the human dissonance that repeatedly invades
the venereal the red venerealness of bloody beings
and to favor singing to the vespertine stars
like a common fanatically sentimental poet
already wasted already recriminated already an immoderation of poetry
is not the oddity of the day on the dead roads
of september on the corner boulevard of september

el constante decir

the constant saying

los días de otoño nuevo

poeta de los días de otoño nuevo
sin las complejidades del tiempo
allanado en lo simple de las nubes
una tenue trascendencia de mirada
donde la nada de los juegos verbales
queda articulada en la garganta
punto breve atropello de menester
poeta sólo un día de tantos contados
en el calar de la hoja que en pie queda
pretende que allá no se hizo natura vida
que el pájaro aún sigue vivo de aire pleno
que la flor no se la tragó el vértigo del viento

the days of new autumn

poet of the days of new autumn
without the complexities of time
subdued in the simplicity of the clouds
a faint transcendence of the gaze
where the nothingness of verbal games
remains articulated in the throat
a brief moment an assault of pursuit
poet only one day of so many counted
in the understanding of the page still in place
pretends that there nature was not made life
that the bird remains alive on plain air
that the vertigo of the wind did not swallow the flower

las dos muertes

la musa atenuada en el tormento
la de los horizontes en poca luz
oyendo el cantar de los cantares
en el silencio mezquino soledad
repleta de estrellas ciertamente
suspendidas del arco de la esfera
de la nota ecuestre que se lleva
la vida las dos muertes del cielo
la musa el tormento el mutismo
llorando un laberinto suspendido
de lunas gastadas en el teorema
del oficio de las uñas que vieron
la palabra tejida en algas en aves
el constante decir del vano empeño

the two deaths

the muse diminished in the anguish
she of the horizons of dim light
hearing the song of songs
in the wretched silence loneliness
filled with stars certainly
suspended from the arc of the sphere
of the equestrian note that takes
the life the two deaths of the sky
the muse the torment the mutism
crying a labyrinth suspended
from moons consumed in the theorem
of the labor of the nails that saw
the word woven in algae in birds
the constant maxim of useless desire

perquisición de la prudencia

deambulan con su lenta sombra
en perquisición de la prudencia
certera en cada avenida del ocho
allí misma trasladada en el rostro
entumecida en el espejo escarcha
diáfana tenue una de tantas veces
algo de sí misma queda constante
en la ciudad de luces rojas verdes
amarillas blancas azules plateadas
los viandantes se van recogiendo
a la mirada conocida de los pertrechos
desnudos de piel corazón en mano
las pisadas quedan en la abstracción
absueltas del deseo del efímero deseo

perquisition of prudence

they wander with their slow shadow
in perquisition of prudence
accurate on every circuit avenue
right there transferred onto the face
numbed in the frosted mirror
diaphanous tenuous one of so many times
something of herself remains constant
in the city of lights red green
yellow white blue silver
the passersby are retrieved
by the familiar gaze upon her wares
stripped of skin heart in hand
the footsteps remain in the abstraction
absolved of desire of the ephemeral desire

el adjetivo desmemoriado

la pobreza de aquella lástima
va enterrada en el mar negro
de papeles en tintas primaveras
sigue siendo el perdón gratuito
el bien adjetivo desmemoriado
verso sumiso de espiga y tronco
que en llana verosimilitud de pena
va al arrojo de la muerte en cuadro
la pesadilla atrevimiento de los bardos
contándose en demasía la virgen secuela
el crimen atroz paradigma de las verdades

the disremembered adjective

the poverty of that shame
buried in the black sea
of papers in inks of spring
continues being the gratuitous pardon
the fine disremembered adjective
submissive verse of shaft and trunk
that in a clear likeness of pity
goes to the hurling of death in the painting
the nightmare impudence of the bards
counting themselves in excess the pristine effect
the atrocious crime paradigm of truths

golfa bagasa capulina

la antigua mujer por ustedes hartamente conocida como
golfa araña bagasa callonca pública capulina gamberra lumia
maturranga coscolina mujerzuela cantonera mundaria pecadriz
perdida chuquisa pelleja puta pecadora rodona tusa suripanta
gorrona una tal cavera una cualquiera mujer de vida fácil
buscona mujer de la noche zurrona gabasa perdida bordiona
churriana halconera daifa prostituta lea cortesana mujercilla
no es celestina rojiana marina de los muelles silvina de la
sabrosura muy literaria mentira descabellada para presentarse
públicamente más bien ángel con alas deshojadas luna
desgarrada por el hombre sofocado loco en su vuelo de tortura
más bien digamos que fue una invención donde nos sobraron
los nombres pero el desgarre nunca quedó explicado

tart tramp cocette

the erstwhile woman you know well as the bawd callet cocette
slut fallen woman loose woman painted woman scarlet woman
tart harlot strumpet cunt joy girl party girl woman of the
easy life hooker hustler trollop moll nightwalker streetwalker
woman of ill repute tramp prosty pussy whore call girl working
girl woman of the evening prostitute courtesan concubine
is not the celestina rojiana mariness procuress on the docks
silvina of delight the very literary lie crazy to present itself
publicly more as an angel with stripped wings moon torn by
the suffocated man wild in his flight of torture or better said
that it was an invention where there were too many nouns but
the tear was never completely explained

tríptico al santo viernes

1

cada pecador se revive en un cristo
con algo de amapolas gotas negras
en su frente víctima siglos de siglos
el rocío rojo se desprende como flor
clavo en pie como tierra que se abona
manos repletas llagadas a sol purísimo
rogando por el santo viernes de santos
donde los rosarios contados se purifican
y la pena de la muerte queda dosificada
por el dolor de saberse carne hueso sangre

triptych to saint friday

1

every sinner revives in a christ
with something of poppies black drops
on his forehead victim centuries of centuries
the red dew detaches itself like a flower
nail in foot like earth that is fertilized
hands replete with wounds to the purest sun
beseeching by the saint friday of the saints
where counted rosaries are purified
and the shame of death is prescribed
by the pain of knowing one is flesh bone blood

2

encender apagar el ruidoso aparato
de la radio cacofónica que desespera
y se redescubre la rabia acumulada
de siglos por los siglos y la versión
de las versiones qué dónde y cómo
con el dios esperando en la esquina
el autobús la guagua ómnibus metro
y la gente preguntándole cómo fue
la cosa dónde las vírgenes se fueron
y las oraciones polémicas cristianas
quedan como un aullido de envidia
hoy viernes santo san dios san cristo
un aullido de odio resonante maldito
viene de los ministros pastores curas
monjas monjes cardenales y obispos
feligreses la tumba de los penitentes
como un Stravinsky nota disonante
un Nietzsche molestoso y arrogante
hoy el ruidoso aparato más fragoroso

2

turn on shut off the noisy apparatus
of the cacophonic radio that exasperates
and rediscovers the rage accumulated
for centuries and centuries and the version
of the versions that where and how
with god waiting on the corner
the bus the omnibus the autobus
and the people asking him how did
that happen where did the virgins go
and the polemic christian prayers
remain like a howl of envy
today good friday saint god saint christ
a howl of resonant damned hatred
comes from the ministers pastors priests
nuns monks cardinals and bishops
parishioners the tomb of the penitents
like a Stravinsky dissonant note
a Nietzsche bothersome and arrogant
today the most thunderous noisy apparatus

3

el prostíbulo cerrado los bares cerrados nada de pornografía revistas sucias asquerosas mugrientas desperdicio de la humanidad se recogen las callejeras nada de rondas vueltas por las esquinas encendederas de cigarros cigarrillos marihuana pito coca o nirvana el narcotraficante se va a ver familia decente por un día es viernes santo san viernes santificado viernes porque bien católicos que somos la mafia toma un descanso el tiroteo la bala el cuchillazo el puñal el tajo toma un descanso los negocios se cierran sacros días forzados porque es san viernes qué te creías tú que yo no creía en dios en san dios de los cielos en san cristo de los cielos hoy santo viernes cuando el paréntesis la coma la interrogación la exclamación y el punto se señalan como cosa buena y necesaria pero algunas transmutaciones siguen vigentes no todo es paréntesis en la vida y Mario quiere ser Marina y Marina quiere ser Mario o algo al viceversa y hoy es viernes santo día del cura no la cura porque hoy es viernes santo y hay que saberse comportar porque lo dicta la regla lo dicta el orden y los rosarios quedarán contados

3

the brothel closed the bars closed nothing of pornography dirty nasty filthy magazines waste of humanity the streetwalkers withdraw nothing of rounds strolls past the corners lighting cigars cigarettes marijuana hash cocaine or nirvana the drug dealer takes off to see a decent family for a day it's good friday saint friday sanctified friday because being the fine catholics that we are the mafia takes a rest from the shootings the bullet the knifing the dagger the gash takes a rest the businesses closed by forced sacred days because it's saint friday what did you think that I didn't believe in god in saint god of the heavens in saint christ of the heavens today saint friday when the parenthesis the comma the question mark the exclamation point and the period are indicated as good and necessary things but some transmutations are still valid not everything is parenthetical in life and Mario wants to be Marina and Marina wants to be Mario or something visa versa and today is good friday day of the priest not of the fix because today is good friday and one must know how to behave because the rules dictate it order dictates it and the rosaries will remain counted

vagón cárcel

autómatas venimos vamos
van apretados en la miseria
de un pequeño vagón cárcel
solos solísimos en soliloquios
mirándonos tasándonos el ojo
la mirada cruel humana ciega
el otro siempre el otro es más
ciego menos vidente de astros
si pretendiendo no se pretende
en el reflejo de la vista ver algo
fingiendo amarnos ay sí como no
disimulando entendimiento precoz
y aquí estamos cada uno cada una
con un pedazo de carbón escrito
en nuestro pequeño vagón cárcel
contándonos una historia macabra
el constante decir palabra degenerada
donde todos somos víctimas de causa

prison car

automatons we come we go
they go cramped in the misery
of a small prison car
lonely so very lonely in soliloquies
looking at us appraising the eye
the gaze cruel human blind
the other one always the other is more
blind less of a seer of stars
if pretending one does not pretend
in the reflection of the vision to see something
feigning to love us ah yes why not
disguising precocious understanding
and here we are each man each woman
with a piece of carbon written
in our little prison car
telling each other a macabre tale
the constant saying degenerated word
where we are all victims of a cause

apretados de dolor

en las ciudades boas perdidas
cómo nos cuesta ser hombres
cómo nos cuesta ser valientes
vamos calando una vida dictada
por el orden sistema de sistemas
por lo correcto correctísimo vale
por la línea interrogada en la frente
y sin embargo seguimos infantes sí
como niños crías apretados de dolor
niñas sin zapatos sin suelas sombras
sin calzones ni calcetines ni calzado
desnudos de alma y repletos de cuerpo
vamos cargaditos de monedas doradas
rehenes perdidos que nos encontramos
en la mirada del que bien nos desestima

constricted by pain

in lost boa cities
how difficult for us to be men
how difficult for us to be valiant
we keep penetrating a life dictated
by order system of systems
by what is correct very correct right
by the line interrogated on the forehead
and nevertheless we remain infants yes
like boys nursing babies constricted by pain
girls without slippers without soles shadows
without shorts without socks nor shoes
naked souls and full bodies
we go laden with golden coins
lost hostages who find ourselves
in the gaze of the one who holds us in such low esteem

uniforme de hombre

pensamos no se dice lo pensado
y hay que mantenerse quietecito
en nuestro uniforme de hombre
de aparentar civilizado educación
de hombre que se ha conocido
en el trasero de las nalgas sucias
siglos de civilización y avances
hay que decir la palabra mesurada
no no eso no fue lo que quise decir
pero la tentación sigue vigente pura
y la transparencia se transparenta
y el hombre nuevamente se vuelve
a palpar la piel el pecado telúrico
y todo el sentimiento al descubierto
queda aquello terriblemente aquello
de sentirse quelonio animal arrastrado

man's uniform

we think one does not say what one thinks
and one must remain oh so quiet
in our uniform of manhood
of feigning to be civilized education
of man that he has known himself
in the posterior of his dirty buttocks
centuries of civilization and advances
one must say the measured word
no not that that is not what I wanted to say
but the temptation remains in effect pure
and the transparency becomes transparent
and man once again returns
to caress the skin the telluric sin
and all the uncovered sentiment
remains that thing terribly that thing
of feeling like a chelonian animal dragging itself

sol saturno tierra

en tres noches saturnales
se vive a la par con platón
en cada nocturno planetario
un hombre se vuelve ángel
poeta negro de mil demonios
al azar puesto como teorema
infinitamente eterno de astros
infinitamente eterno de soles
terrestre más que terráqueo
al alcance de su desgracia
se van quemando las alas
y hoy algo de él se queda
plasmado en el lienzo
en la pintura del verbo

sun saturn earth

on three saturn nights
one lives on a par with plato
in every planetary nocturne
a man becomes an angel
black poet of a thousand demons
by chance placed like a theorem
infinitely eternal of heavenly bodies
infinitely eternal of suns
earthly more than terrestrial
within reach of his disgrace
wings slowly burning
and today something of him survives
stamped on the canvas
in the painting of the verb

vallejismo

el viejo menester de aquel poeta buscando la morada en el sustento de la palabra acribillada de sílabas masticando lentamente y es que como dijo hay golpes tan fuertes en la vida que los hilos se te desatan se te enredan en la diadema de la vivencia gratuita tartamudeando la razón que vergüenza ser poeta se pregunta se razona se dice a sí mismo presentando la máscara de pedagogo no es que soy maestro es que soy albañil dije carpintero peluquero panadero repostero cocinero más bien soy escritor quise decir traductor porque el vallejismo se esconde en el palacio de la desmemoria ratonera de los que le precedieron en la epístola heraldos negros en el trilce en los poemas humanos

vallejismo*

the age-old need of that poet looking for the dwelling in the sustenance of the word riddled by syllables chewing slowly and it's as he said there are such strong blows in life that the threads come untied become tangled in the crown of gratuitous living stammering the reason what a shame to be a poet one asks oneself one reasons one tells oneself presenting the mask of the scholar it is not that I am a teacher it's that I am a bricklayer I said carpenter stylist baker pastry chef cook rather I am a writer I wanted to say translator because the vallejismo conceals itself in the palace of forgetfulness the mousetrap that preceded in the epistles black heralds in the trilce in the human poems

*regarding César Vallejo, his poetic style or approach to poetry (1892 – 1938)

fabricando sueños

el botón va haciendo sus vidas
un pequeñísimo botón de rabia
sudor sangre cortes de agujero
mujeres enterradas en fábricas
que anudan zurcen con rapidez
tejen cosen cortan almidonan
barren trapean lavan planchan
los otros sueños no los suyos
de un dios blanco nácar blanco
blanquísimo como la cáscara
del coco como la nieve NY
que no vive por estas tierras
quién lo ha visto lo conoce
un dios blanco que mastica
una lengua rara rarísima demás
que por el auricular ensordecedor
se le oye gritar more more more

fabricating dreams

the button continues making their lives
a miniscule button of rage
sweat blood cuts from the buttonhole
women buried in factories
they join darn rapidly
knit stitch cut starch
sweep mop clean iron
the other dreams not theirs
of a white nacre white god
extremely white like the shell
of the coconut like NY snow
those who do not live in these parts
knew him when they saw him
a white god who masticates
a very exceedingly strange tongue
that through the deafening earpiece
one hears him shout more more more

carpintería menor

qué dura se va poniendo la silla
madera de los altos pinos robles
ojos desforestado el campo verde
la selva la jungla el bosque el valle
para que la silla se reinvente suave
en las nalgas posaderas de los sueños
durísima como los callos de las manos
como las cicatrices hondas de la piel
que la inventa por tres centavos cuatro
de las filipinas asia interior brasil seco
hay que sentarse en la silla de la ignominia
buscar la vuelta buscar el acomodo la forma
y recordar que no es la silla que es la madera
una riqueza gratuita pintada en carmesí moreno

minor carpentry

how hard the chair is becoming
wood from the tall pines oaks
watch out the deforested green countryside
the forest the jungle the woods the valley
so that the chair could be reinvented soft
on the backside the buttocks of our dreams
very hard like the calluses of our hands
like the deep scars of our skin
invented for three cents four
from the philipines the asian interior dry brazil
one must sit in the chair of ignominy
to look for a solution to seek an alternative some other way
and remember it is not the chair it is the timber
a gratuitous wealth painted in dark crimson

cemento y plomo

en las ciudades de plomo
niñas celestes de cemento
prostituidas por el hombre
vivimos con versos locos
profanos atados en puentes
de tinta gris de tardes rojas
y preciosas repletas de otoño
nos miramos espiando el beso
de la tarde y de la noche luna
en un jardín verde cualquiera
en un parque verde cualquiera
amándonos lentamente la vida
con hilos de brazos y cinturas
para hacernos fuertes vulnerables
para poder vivir en la armadura
el nido alambre de la ciudad rota
trozo de cielo y cemento y plomo

cement and steel

in the cities of steel
celestial urban spaces of cement
prostituted by man
we live with mad profane
verses tied to bridges
of gray hues of evenings red
and precious full of autumn
we watch each other spying the kiss
of the evening and of the night moon
in whatever green garden
in whatever green park
loving each other slowly the life
with threads of arms and waists
to make ourselves strong vulnerable
to be able to live in the armor
the den metallic thread of the broken city
a piece of sky and cement and steel

machadismo

el paraguas mojado en su constante gotear se ha empeñado en
formar ríos lagos océanos en estos suelos simples de la pequeña
alcoba paraguas cómplice de las caminatas la observación la
mirada que le ha dado se ha obstinado en tomar la vereda
estrecha buscando calles bulevares callejones aceras caminos
autopistas carreteras parques jardines avenidas puentes vías
túneles intersecciones y la esquina peligrosa le ha dado con
mirar mirar fijamente a la gente transeúntes hormiguero de la
ciudad escucharla detenidamente con los radares de su punta
y luego regresar a casa para desbordar todo esto en un gran
mar lago océano río charco de vocablos el constante decir de
la palabra

machadismo*

the wet umbrella in its constant dripping has persisted in
forming rivers lakes oceans on these simple floors of the small
bedroom umbrella accomplice of the walks the observation
the gaze that has become obsessed become obstinate in taking
the narrow path looking for streets boulevards alleys sidewalks
trails freeways highways the dangerous corner it has begun
looking at staring at passersby the hub of activity of the city
listening closely with the radar of its tip and later returning
home for all this to overflow in a great sea lake ocean river
puddle of terms the constant saying of the word

*regarding Antonio Machado, his style or approach to poetry
(1875 – 1939)

juan antonio

cuando lento se lee a juan antonio corretjer
se entiende en desmesura la lluvia metal gris
es decir la lluvia sobre zinc lluvia campestre
lluvia transparente de la lluvia citadina negra
esa lluvia colada por las rendijas de la noche
esa que siempre nos llena de un placer extraño
agua torrente voraz nutrida de átomos giratorios
profunda que purifica el horizonte de bahía y cielo
que intensifica el verde azul café nácar de la mirada
en fin esa lluvia lentísima de juan antonio corretjer

juan antonio*

when one slowly reads juan antonio corretjer
one understands in excess the gray metal rain
that is to say rain on zinc country rain
transparent rain of the black city rain
that rain seeping through the crevices of the night
that always fills us with a strange pleasure
deep water voracious torrent fed by gyrating atoms
that purifies the horizon of the bay and sky
that intensifies the green blue café nacre of the glance
in the end this very slow rain of juan antonio corretjer

*regarding Juan Antonio Corretjer, his style or approach to
poetry (1908-1985)

federico

federico asenjo manifestó en su decir
pobre humanidad siempre la misma
asunto que se cultiva en el intelecto
en las fibras desorbitadas de la mente
y qué hay de nuevo en dicho ejercicio
las cosas no dejan de ser puros entes
filosofar pensar por puramente indagar
un idioma hablar en la histeria hablada
una literatura letargo leído atrozmente
historia contada en hecho de calamidad
pintura lienzo por el verde héroe pagano
la música tragedia bélica al oído cometido
y así nos dejó expresado federico en su decir
pobre humanidad pobrísima siempre la misma

federico*

federico asenjo declared in his discourse
poor humanity always the same
a matter that cultivates itself in the intellect
in the maddened fibers of the mind
and what is new in this exercise
things don't stop being mere entities
philosophizing thinking to simply inquire
a language to speak in spoken hysteria
a literature lethargy atrociously read
a story told in fact of calamity
paint canvass by the green pagan hero
the music bellicose tragedy entrusted to the ear
and thus federico left to us expressed in his discourse
poor humanity extremely poor always the same

*regarding Federico Asenjo, his style or approach to philosophy
(1830-1893)

el constante decir

el constante decir te recuerda
te anuncia
que tienes que seguir por el camino
buscando la sombra que te tienta
explorando el sol astro de la gente
volver a merodear
por la misma vereda
como los demás
empeñarte en resolver
el dilema de la poesía
paso a paso
circunvalar el átomo de la vida
la tragedia boyante de la muerte
y así
solito y acompañado
encontrar el constante decir
de la palabra

the constant saying

the constant saying reminds you
announces to you
that you must follow the path
seeking the shade that tempts you
exploring the sun heavenly body of the people
to wander again
on the same lane
like all the others
compel yourself to resolve
the dilemma of poetry
step by step
circumvallating the atom of life
the buoyant tragedy of death
and thus
alone and accompanied
encounter the constant saying
of the word

el verso

el verso reverdecido no es amargo por naturaleza es como decir me place la vida pero no la idea es el verso que se recoge en la melancolía densa masticando una línea de sílabas largas compartida de trapos urbanos allá en el fondo del caño donde todos nos conocemos unos intentos críticos letrados una forma en sí de lo indefinido unas letras leídas en el letargo de la noche un paradigma siempre callejero del amanecer

the verse

the revived verse is not bitter by nature it's like saying life pleases me but not the idea of it it's the verse that is harvested in the dense melancholy chewing a shared line of long syllables of urban rags there in the bottom of the sewer where we all know each other a few critical lettered attempts a form itself of the undefined some letters read in the lethargy of the night a paradigm always on the street at dawn

tiro al blanco

hoy se permite escribir versos profanos al tiro libre
de una ciudad en el encierro de su crepúsculo negro
hay que tener algo de sentimiento poquísimo mesurado
nada de romanticismos ser vanguardia ser el terrorista
crear una carcajada abierta al horizonte preñado en sol
ponerse en estado casi casi fingido crear versos al azar
decir que la ciudad les pertenece a los muertos a los de ayer
o algo similar para que el dolor se quede estancado en el ojo
para que la ciudad se nos muestre apretada llena de cerrojos
porque las campanas ya no suenan y la iglesia se vio cerrada
y el peso de vivir aquí con la gente que se pierde en el espejo
es acertar en el plomo en fin una metralla que te cae del cielo

target shooting

today one is permitted free range to write profane verses
of a city in the confinement of its black twilight
one must have a bit of sentiment very little measured
nothing of romanticism be the vanguard be the terrorist
creating a burst of laughter at the horizon impregnated in sunlight
putting oneself in an almost nearly feigned state creating random verses
saying that the city belongs to the dead to those of the past
or something similar so that the pain becomes stagnant in the eye
so that the city appears crowded filled with deadbolts
because the bells no longer toll and the church looked closed
and the weight of living here with the people that lose themselves in the mirror
is to find in the lead at last a projectile that falls on you from the sky

noches citadinas

hay tardes de caracoles rayos de viejas tintas negras que en
los océanos se dispersan y las rojas amapolas tejidas en el
brazo de la noche donde el crepúsculo se infla de luces
esperanzadoras noches preñadas de luminarias hiladas en el
fuego de prometeo cada nocturno de chopin rachmaninoff
debussy atado al horizonte tiempo juego en tiempo noches
en el compromiso sereno listas para embarcarse en las arcas
alteradas por la luna por las estrellas por el júpiter bélico
saturno de los gases mortíferos venus deseosa noches que se
caen que se embrutecen noches que se escapan con las vírgenes
de las urbes ángeles demonios ladrones travestís enlutados en
el manto negro de los cielos

city nights

there are afternoons of spiraling rays of old black tints that disperse in the oceans and the red hibiscus woven on the arm of the night where the sunset swells from hopeful light nights impregnated with luminaries strung to the fire of prometheus each nocturne by chopin rachmaninoff debussy tied to the horizon time the game of time nights in the serene commitment ready to embark on arks altered by the moon by the stars by bellicose jupiter saturn of the mortiferous gasses desirous venus nights that fall that stupefy nights that escape with the virgins from the metropolises angels demons thieves transvestites dressed in mourning in the black cloak of the heavens

el hilo del verbo

un hilo se desprendió de la hoguera
como una fuerza de luz en el verbo
entrañable quieto como fina cuerda
que se posa sobre el roble del estío
hilo hecho niño amanecer constante
dijo decires se puso a contar cuentos
coquíes en sueño develado en versos
de par en par se hizo lluvia río ciudad
madera celestina viento esquina poema
y el hilo se devolvió a lo desconocido
donde vivió la pena del constante decir

the thread of the verb

a thread emanated from the bonfire
like a force of light in the verb
intimate quiet like fine string
perching itself on the oak of summer
thread made child constant dawn
divulged sayings began to tell tales
sleeping coquis revealed in verses
two by two becoming rain river city
wood madam wind corner poem
and the thread returned to the unknown
where once lived the shame of the constant saying

la palabra entregada

the given word

palabra disgregada por la inconsciencia
de la sílaba astral degollada por el asesino
generación entorpecida del verbo atrevido
que no es música de estrellas sino vientos
glaucos enmagrecidos por antiguos males
que se hicieron soles de cuerdas abarrotadas
y el sustantivo se va pudriendo en la garganta
como un desierto de poesía resecado por el ojo
torturado diariamente por el hombre tecnócrata
de las pantallas televisivas de la imagen efímera
que se reconoce en las putrefacciones disonantes
de los vocablos que se nos prostituyen en la casa

word disgregated by the unconsciousness
of the astral syllable decapitated by the assassin
torpid generation of the daring verb
that is not music of stars but of winds
sea slugs debilitated by ancient evils
that became suns of fortified strings
and the noun continues decaying in the throat
like a desert of poetry scorched by the eye
tortured daily by the technocratic man
of the television screens of the ephemeral image
that one recognizes in the dissonant putrefactions
of the vocables that became prostituted in the home

los hombres mueren
en sus días de papel
ajenos a toda palabra
donde la sílaba sigue
transparente de cuerpo
pecando color topacio
en iras de viento macho
callando turcos océanos
mordiendo la caligrafía
árabe de sombras recias
rebuscando la tortura
de un placer extraño

men die
in their days of paper
indifferent to every word
where the syllable remains
transparent in substance
transgressing color topaz
in flurries of macho wind
quieting turkish oceans
biting the arab calligraphy
of impetuous shadows
gleaning the torture
of a strange pleasure

allá donde el laberinto sofoca
con sus negras paredes teñidas
el rojo tatuaje de la piel en abras
y el distante océano de piedras
se atraganta el inmundo cuadro
de un cuerpo suspendido en algas
allá queda la quimera de los sueños
desgarrada y ultrajada por la noche
tentando el más perverso de los besos
trueque de luz con nubes arropadas
el ajado crimen de la mirada oculta
la sangre esparcida del pecho abierto

there where the labyrinth suffocates
with its black tinted walls
the red tattoo of the ruptured skin
and the distant ocean of stones
chokes on the unmundified scene
of a body suspended in algae
there remains the chimera of dreams
shattered and violated by the night
enticing the most perverse of kisses
a play of light enveloped by clouds
the faded crime of a hidden gaze
the blood spread from the open chest

la danza de la paranoia bailable
se marca en los ciclos sin retornos
giros sobre giros que recuerdan
orígenes de piedras hierro cobre
una esquizofrenia del tacto sucio
una esquizomanía del beso mojado
una esquivez perpetua de la piel
retumbando poco a poco la mirada
en las cataratas ensangrentadas
de un sexo profundamente abierto
el desgarre la herida el silencio negro
la puñalada certera del asesino joven
y a la distancia los ojos tragándose la noche

the waltz of danceable paranoia
is marked by unending cycles
gyration upon gyration that recall
origins of stones iron copper
a schizophrenia of soiled taction
a schizomania of the wet kiss
a perpetual disdain of the skin
reverberating little by little the gaze
in the bloody waterfalls
of a sex profoundly exposed
the tear the wound the black silence
the skillful stabbing of the young assassin
and at a distance eyes devouring the night

y se dijo que no se cometió el crimen
de la ignominia que muerden los ojos
el trasluz de una esperanza cerrada
amor de muerte moribundo en la esquina
clamando los cristales de la venganza
y el sentir violeta es toda una pena
ahogada en la garganta que se asfixia
un scherzo que se le escapa a la mano
una disyuntiva en las uñas de la tierra
arrastrarse en la arena la bahía la playa
el tajo el grito repentino de los túneles
y la infamia se queda estancada en la mirada

and it was said the crime was not committed
of the ignominy bitten by the eyes
the reflected light of an obscure hope
love of death dying on the corner
demanding the crystals of revenge
and the violet feeling is all a shame
drowned in the throat asphyxiating itself
a scherzo that escapes the hand
a disjunctive in the nails of the earth
crawling on the sand the bay the beach
the gash the sudden scream from the tunnels
and the infamy remains stagnant in the gaze

las soledades íntimas son monótonos murmullos
que la piel golpea con el atrevimiento aterciopelado
de una viril desgracia elegiaca que se nos amontona
en la epidermis débil cuando los siglos eran siglos
y se trastocaban fugazmente en la indolente y mórbida
sombra de los sexos en la sombra de la apertura
en la sombra de los subsuelos de la conciencia
en la sombra de la sexualidad temida por el hombre
así agazapada y acurrucada iba como inventándose
un mundo de mentiras para que todos fuéramos
creyentes de la manera más inocente y atrevida
para que todos nos fuéramos acostumbrando
al nido de los credos fatuos al nido de la infamia

the intimate solitudes are monotonous murmurs
that the skin strikes with velvety audacity
of a virile elegiac disgrace that we accumulate
in the fragile epidermis when centuries were centuries
and briefly became disturbed in the indolent and morbid
shadow of the sexes in the shadow of the opening
in the shadow of the substrata of the conscience
in the shadow of the sexuality feared by man
thus hidden and crouched as if inventing
a world of lies so that we would all be
believers in the manner most innocent and daring
so that we would all become accustomed
to the lair of the foolish creeds to the den of infamy

dos voces

I

eres sombra perdida en la verde sombra
en un vaho líquido de estrellas matutinas
tinta de los rojos amaneceres olímpicos
donde lo anónimo se descifra y el atropello
al horizonte langostino temprano se acomete
eres flor muerta pétalo a pétalo sobre la mesa
tragada por las aguas puras impuras transparentes
que omiten la tragedia sin par de la palabra nueva

√

two voices

I

you are a lost shadow in the green shade
in the liquid vapor of morning stars
dye of the red olympic dawns
where the anonymous is deciphered and the trampling
of the early crayfish horizon is overcome
you are the dead flower petal by petal upon the table
swallowed by the waters pure impure transparent
that omit the unparalleled tragedy of the new word

II

todo lo apesadumbrado se empoza en los labios
que deshojan el nombre de pájaro que no fuiste
ser ladrón de tu destino con un futuro sin heridas
donde la esperanza promete un cariño regenerado
donde el verbo matiza el odio aprendido de siglos
y las sendas del aire se amarga porque a estallidos
se nos ha vuelto un charco de colores azules rojos
espantados en la imagen donde el ala ya no es luz

II

all that is distressed is soaked in our lips
which defoliate the name of the bird that you were not
to be the thief of your destiny with a future without wounds
where hope promises an affection regenerated
where the verb matches the hatred learned through the centuries
and the paths of air are made bitter because by explosions
they have turned us into a pool of colors blues reds
frightened at the image where the wing is no longer radiance

esta lasitud mortal de cantarles a las estrellas
una a una enredadas en las manos geográficas
insuficientes de odio astral al adjetivo despiadado
es el trueque perverso del verbo que se hace rayo
la traslucidez de horizontes llevados en la memoria
andrómeda orión lince perseo eridano quilla ofiuco
sextante buril retículo hidra pegaso casiopea cefeo
antiguas guerras desmemoriadas de sangre dorada
trocándose en los luceros nombrados por el hombre
allí quedan en estanques profundos de la astronomía
una historia inventada en el regocijo de la evocación

this mortal lassitude of singing to the stars
one by one tangled in geographic hands
lacking in astral hatred for the merciless adjective
it's the perverse barter of the verb that becomes lightning
the translucence of horizons carried in the memory
andromeda orion lynx perseus eridanus carina opheuchio
sextans caelum reticulum hydra pegasus cassiopeia cepheus
ancient unremembered wars of golden blood
mixing themselves among the bright stars named by man
there they remain in deep reservoirs of astronomy
a history invented in the joy of the evocation

oscurece

hay noches de caracoles rayos
de pretéritas tintas enrojecidas
atadas horizontalmente de luz
noches fertilizadas de argucias
hiladas de un prometeo en flor
tiempo de fuego en destiempo
noches que anuncian embarcarse
en arcas alteradas de un noé ario
noches cayendo que recuerdan
los sueños de celestinas enlutadas
una a una la noche se torna lumbre
de florestas encendidas de un agosto
palabrero prostituido por proverbios
la esperanza sometida del concubio
allá la muerte lentísima del noctívago

night falls

there are nights of spiral beams
of preterit reddened hues
tied horizontally by light
nights fertilized by subtleties
spun by a prometheus in flower
an inopportune time of fire
nights that announce the boarding
on altered arks of an aryan noah
nights falling that recall
the dreams of madams in mourning
one by one the night becomes brilliance
of inflamed forests of august
prattler prostituted by proverbs
the submitted hope of bedtime
there the lingering death of the noctambulist

hoy se profanan los alterados versos
de una ciudad negramente crepuscular
algo de sentimiento más que mesurado
unas carcajadas disimuladas de par en par
al horizonte vespertino que se viene encima
por un estado fingido puesto a la contingencia
de un deber hostosiano hecho en idea de infante
hoy se profanan asumidos versos en locuciones
versos de cuando entonces éramos desconocidos
inocentes cuando éramos el polvo de la prestancia
átomos donde la palabra certera ya no será nuestra

today the altered verses of a blackly
twilight city are profaned
something of sentiment more than restrained
some pretended unrepressed laughter
at the vespertine horizon that closes upon us
for a feigned state given to the possibility
of a hostian* duty made of a princely idea
today they profane assumed verses in locutions
verses from when we were yet unknown
innocent when we were a powder of excellence
atoms where the skillful word will no longer be ours

*regarding the philosophy of Eugenio María de Hostos
(1839-1903)

animal de alas celestiales
se exime de los infiernos
de las sendas aprendidas
porque viene hartamente
rendido de peregrinajes
sobrado de islas amargas
y penínsulas desgarradas
en la hora que se cuenta
una a una en la clepsidra
de la desgracia exonerada
de archipiélagos rocosos
que se sabe se reconoce
en la fehaciente vulgaridad
de presentes en estupideces

animal of celestial wings
exempts itself from the infernos
of pathways learned
because it comes utterly
exhausted from pilgrimages
excessive bitter islands
and shattered peninsulas
in the hour that counts itself
one by one in the clepsydra
of the exonerated disgrace
of rocky archipelagos
that one knows one recognizes
in the authentic vulgarity
of present day stupidities

gavilán de palomas
tómanos en tu vuelo
libéranos de los odios
del antiguo cataclismo
insoportable de palabras
insurgentes como las arañas
de los inviernos darwinescos
palabras marinas maltrechas
que nacieron para morir
en los rincones mundanos
porque así lo ha designado
el verbo que hiere y muerde

predator of doves
take us in your flight
free us from the hatred
of the ancient unbearable
cataclysm of words
insurgents like the spiders
of darwinian winters
battered maritime words
that were born to die
in mundane corners
because thus has been designated
the verb that wounds and bites

paradigma

el verso trapeado de la piel
no es amargo por naturaleza
sólo una línea verde recogida
de retazos malamente cocidos
unos letrados intentos de la raíz
que en sí mismos se desconocen
la forma del misterio una histeria
bien contada mal contada a saber
unas letras leídas largamente al sol
un paradigma de calle puto palabrero

paradigm

the mopped verse of the skin
is not bitter by nature
only a green line retrieved
from remnants poorly stitched
a few learned attempts from the origin
that they disavow among themselves
the form of the mystery a hysteria
well told poorly told to be familiar with
a few letters read at length in the sun
a paradigm of a garrulous street tramp

sentido común

la vida de las palabras ahonda y se queda
en la magia de la perplejidad hecha tierra
allí van creciendo como unos cactus toscos
polvo de cada definición dada por el hombre
reexportándose en el sobreuso de los cosmos
mueren con la desorientación de seguir vivas
agarradas de la mano para no perder sentidos
al desempeño de eventualidades fermentadas
que se hacen llamar el abono de la memoria
la vida de las palabras que ahonda y se queda
para ir girando rotando en la esfera de la muerte

common sense

the life of words penetrates and remains
in the magic of the perplexity made earth
there they continue growing like a few crude cacti
dust from each definition given by man
re-exporting themselves in the overuse of the cosmos
they die with disorientation of staying alive
clasped by the hand so as not to lose their meaning
to the fulfillment of fermented eventualities
that make themselves be called the fertilizer of memory
the life of words that penetrates and remains
to go gyrating rotating in the sphere of death

danzón

desde la distancia de una pena trastocada
zapateas una danza de vocablos homólogos
de borrascas que injurian sin hacerse sentir
en el intervalo improcedente del diecinueve
porque la cautela es el pecado de un pretérito
que saciamos diariamente con bocas de tierra
es la coyuntura de los pasos el rotundo vaivén
de esta danza de palabras huecas y tempranas
como pensamientos en ascuas de rameras rojas
uno dos tres que bien se baila en el vacío de ayer
la danza la pena la palabra la prostituida de letras
quedan buscándose en el juego del viejo danzón

danzón

from the distance of a crazed sorrow
you stomp out a dance of homologous words
of tempests that injure without being felt
in the irrelevant interval of the 19th century
because caution is the sin of a preterit
that we satiate daily with mouths full of earth
it is the articulation of the steps the rotund sway
of this dance of hollow and premature words
like thoughts in embers of red whores
one two three how well they dance in yesterday's emptiness
the dance the sorrow the word the prostituted letters
still searching for themselves in the game of the old danzón

asolador de la articulación
gregario del verbo arrasado
que se vomita que se defeca
en los amaneceres olímpicos
con sílabas semánticas usadas
de un cariño absurdo análogo
a la idea sonora acostumbrada
incruentamente desverbalizado
por el aedo masticasílabas basto
raptor del sueño de la bella idea
en su constante aborto palabresco

destroyer of the articulation
servile to the demolished verb
that vomits and defecates on itself
in the olympic dawns
with used semantic syllables
of an absurd affection analogous
to the accustomed resonant idea
bloodlessly deverbalized
by the coarse syllable-chewing cantor
abductor of the dream of the bella idea
in its constant lexical abortion

p

porque el hombre se nombró se denominó y se fue descubriendo
prostituto de la palabra a whore to the word puto della parola
putain de la parole donde la palabra entregada ya extirpada
de toda virtud se le fue haciendo gratuita bien desempleada
y desusada exonerada de todo mal hasta que la destruyó a
añicos en cada fraseo alocado desolado desgarrado abierto solo
se halló el hombre violentando el vocablo la voz la palabra
hasta que la dejó más que desvirtuada porque las cosas son
así como dios manda y acaso el verbo no fue primero y los
hombres sujetos se inventaron la ley para dejar la palabra más
que violada más que prostituida porque los hombres machos
los machos hombres pondrían su puño fuerte y todo quedaría
estampado y aprobado allí vive yace y muere el puto de la
palabra abierta a whore to the forgotten word a whore to the
misued depouille misplaced word putain putain de la parole
puto della parola solo soltanto solo

p

because man named himself denominated himself and continued discovering himself as prostituto de la palabra a whore to the word puto della parola putain de la parole where the word surrendered already eradicated of all virtue becoming gratuitous misemployed and disused exonerated of all evil until it was destroyed in bits and pieces in each wild desolate torn open phrasing one only found man forcing the term the voice the word until he left it more than adulterated because things are as god commands and perhaps the word was not first and the subject men invented the law to leave the word more violated more than prostituted because men machos hombres men would pound their strong fists and all would be stamped and approved there he lives lies down and dies the hustler of the open word a whore to the forgotten word a whore to the misused word depouille misplaced word putain putain de la parole puto della parola solo soltanto solo

Configuraciones de emergencia, desarrollo, deconstrucción y reinvención en Prostíbulo de la palabra

Bradley Warren Davis

Prostíbulo de la palabra es el cuarto poemario de Benito Pastoriza Iyodo. La presente edición va acompañada de su traducción inglesa bajo el título *Brothel of the Word*. Este tomo bilingüe develará al lector una obra diversa en temas, estructuras y formatos. El libro es una colección que encapsula personajes, lugares, creencias y acciones implícitas en los conceptos presentados por los sustantivos operativos "prostíbulo" y "palabra" en una encarnación física, lingüística y espiritual.

El título del libro hace referencias a dos esferas de la sociedad que usualmente no se enlazan en la lógica diaria: el burdel y el vocablo. Un *prostíbulo* se asocia con la prostitución y el pago por favores sexuales mientras que la *palabra* generalmente se asocia como una herramienta de comunicación usada con el propósito de presentar discursos funcionales, culturales y civiles. El título provoca una cierta curiosidad de cómo el poeta entrelazará estos dos conceptos. Un prostíbulo es un lugar, identificado fundamentalmente por los individuos que habitan el lugar y los actos que ocurren dentro de dicho espacio. Los sujetos son aquellos que compran y venden favores sexuales, siendo las residentes más permanentes las mujeres (prostitutas) que por definición están siendo prostituidas.

Siguiendo la definición del Diccionario de Uso del Español de María Moliner, prostituir es " . . . Hacer alguien uso deshonroso de cualquier cosa que posee y que en sí es noble, vendiéndola o envileciéndola: Prostituir su inteligencia." Ya que el uso del término va más allá del mundo asociado con el acto sexual, no debería sorprender que el sujeto poético se mueva de los confinamientos de un edificio (el prostíbulo) a los espacios donde la prostitución se manifiesta en lo impuro y muchas veces en la manipulación enmascarada del lenguaje y de la humanidad dentro de un burdel más amplio y global. A través de la progresión continua del poemario el autor hace una conexión de prostituta y palabra dentro de una variedad de ambientes. Dentro de estos espacios la mujer o la palabra espera: dada gratuitamente o entregada, a veces enmascarada, a veces con un propósito oculto; lista para enmarañarse con ideas, palabras o las creencias que el propio lector trae consigo en la interpretación del texto.

Los títulos dados a las tres partes de este volumen proveen pistas para la comprensión de los poemas a seguir. Aunque no son cronológicos ni lineales, los poemas en la primera sección preparan al lector a una apertura con nuevos giros sobre los temas de creación, belleza, placer, sufrimiento, control, enjuiciamiento, libramiento, hipocresía y redención. En vez de construir una secuencia lineal con los poemas, el poeta entreteje múltiples temas a través de las tres partes del libro. Con estos hilos se teje un tapiz que produce un efecto similar a una pintura puntillista de Georges Seurat. Cada poema se sostiene solo y puede ser apreciado y analizado como ente único. Sin embargo, ese mismo poema que se ha sostenido solo ha sido diseñado para desempeñar un rol en la creación de una visión más amplia.

Esta visión es nutrida por el diálogo entre los poemas dispersos a través del tomo y por las experiencias personales e ideales del lector.

El título del primer capítulo, *breviario de cuerpos,* a primera vista se presenta como una contradicción. ¿Qué tiene que ver un misal de himnos, salmos y oraciones con cuerpos humanos? Aquí se explora el nacimiento del cuerpo, la pasión del acto sexual, el libramiento, la prostituta, la pobreza, la ciudad y la vergüenza depositada sobre la prostituta. Esta sección también hace las primeras incursiones hacia el mundo de los prejuicios sociales en torno a la prostitución. Hace un llamado a la humanidad de cómo la creación de la prostitución y su razón de ser ha sido una invención del hombre. Pero esta parte también vislumbra nuevos temas que se separan del prostíbulo tradicional e introduce los espacios asociados con ambientes urbanos y el entorno social, expandiendo el término prostitución más allá de lo sexual a los ámbitos lingüísticos.

En la segunda sección, *el constante decir*, el tema del lenguaje se concretiza como el eje central del capítulo. Ahora ocurre un traslado semántico donde el lenguaje descriptivo de las prostitutas y la prostitución pasa a convertirse en un lenguaje exploratorio que sondea la palabra y el lenguaje mismo, la poesía, los poetas, la ciudad y las interacciones sociales en una variedad de situaciones utópicas y reales. Esta parte del libro comienza con "los días de otoño nuevo" que introduce el sujeto del poeta, apuntando hacia la poética y los juegos verbales. Este tema reaparece a través del capítulo, incluyendo referencias en torno a los excesos del romanticismo, el mal uso y el desuso del lenguaje y la búsqueda de la autenticidad de cara a las exigencias canónicas. Este grupo de poemas también incluye cuatro composiciones que han sido dedicados a o inspirados por cuatro poetas latinoamericanos. Hágase notar que un quinto estudioso aparecerá en la tercera parte del libro.

El último poema en *el constante decir*, "el hilo del verbo" provee una visión metafórica que ilustra el ciclo del lenguaje:

un hilo se desprendió de la hoguera
como una fuerza de luz en el verbo
entrañable quieto como fina cuerda
que se posa sobre el roble del estío
hilo hecho niño amanecer constante
dijo decires se puso a contar cuentos
coquíes en sueño develado en versos
de par en par se hizo lluvia río ciudad
madera celestina viento esquina poema
y el hilo se devolvió a lo desconocido
donde vivió la pena del constante decir

En la segunda parte del libro se continúa tratando el tema de la prostitución femenina, desde una protagonista deambulando a través de las luces citadinas amortiguadas a la erupción de una nomenclatura eufemística usada en referencia a las trabajadoras sexuales. Esta descarga de sinónimos es seguido por "tríptico al santo viernes" donde Pastoriza Iyodo se mantiene constante en su mantra de evitar el uso de mayúsculas y la puntuación en su poesía. Este tríptico fue presagiado en parte en el primer capítulo por el poema "infantas" que es la primera referencia hacia la iglesia, seguido por "trilogía del lupanar I" que toma lugar en un burdel: ". . . te abrasan como si fueran dagas encendidas del infierno ay ay no quise me obligaron tenía que ser macho probar mi lealtad el nombre el nombre cómo se llamaba el cuerpo sigue abierto bien rendido de confesiones de muertes de rosarios que el prostíbulo santifica en el nombre del padre del hijo del espíritu santo y quedas absuelto para siempre porque el dinero . . ."

La confusión sobre la absolución continúa en la segunda sección con "tríptico al santo viernes." Se escribe Viernes Santo en español, pero Pastoriza Iyodo invierte la sintaxis, asignando todo un nuevo significado: san viernes. Este irónico giro lingüístico presagia las inconsistencias de la doctrina espiritual y la hipocresía de innumerables individuos—desde la prostituta al narcotraficante al jefe de la mafia—que toman un día de tregua de sus vidas aceleradas en observancia de un día sagrado. Este tríptico es uno de varios poemas que abre la brecha al diálogo con el lector, examinando costumbres establecidas y cuestionando si realmente la humanidad ha estado preparada para un pensamiento y una acción independiente o si dependemos de otros para establecer las reglas a las cuales nos conformaremos.

El título de la tercera sección es *la palabra entregada*. El título de la última sección fue el más desafiante para traducir, ya que se refiere al verbo "entregar" que tiene una multiplicidad de significados, algunos siendo más positivos que otros (por ejemplo darse versus rendirse). Los poemas en esta sección oscilan entre el regalo del lenguaje, su eventual fallecimiento y su entrega para ser usado por unos para su propio beneficio que resultará en el sufrimiento de otros. Esta multiplicidad de posibilidades refleja un paralelo entre el uso que la sociedad le ha dado a este regalo de la humanidad y la comunicación. Aunque no existe un equivalente exacto que presenta esta ambigüedad en los dos idiomas, yo escogí la palabra "given" para expresar los matices de la palabra "entregada."

Cada uno de los poemas en esta sección continúa el hilo conversacional construido a través de las tres secciones, incluyendo las referencias a la astrología, la mitología, las convenciones sociales como mecanismos de control y los crímenes (en contra de la mujer y la civilidad). Los poemas sobre el actual estado de la humanidad y nuestro uso del lenguaje son, como sugiere el título de esta sección, hartamente ambiguos. Algunos son esperanzadores y otros se concentran en la destrucción de la palabra como tal la conocemos hoy. Pero nuevamente, el poema titulado "gavilán de palomas" habla sobre el romper con la tradición: "libéranos de los odios / del antiguo cataclismo / insoportable de palabras / insurgentes como las arañas / de los inviernos darwinescos." Como postulado en los poemas sobre normas sociales, todas las leyes y las reglas fueron una invención del hombre. Algunos de estos constantes dichos podrían tener sus orígenes en la justicia y la razón. Otros son usados para controlar la sociedad para el beneficio de unos pocos. Al ser el hombre liberado de las palabras injustas, los enjuiciamientos y limitaciones, nuevas palabras con precarios comienzos serán creadas. Lo mismo ocurre con el lenguaje y la poesía. El "constante decir" sirve su propósito y cae en el mal uso, en el desuso y obsolescencia.

En la segunda sección del libro, el poeta busca una voz, una nueva voz, una voz única con nuevos significantes. Pero como evocado en el poema "dos voces I" este deseo es "que omiten la tragedia sin par de la palabra nueva." Esta tragedia es el hilo del verbo, nacido del fuego, con el potencial de convertirse parte de la tela del lenguaje y la literatura, siempre y cuando la humanidad mantenga la viabilidad de la palabra. El diálogo entre los poemas se transforma a una conversación entre el lector, la poesía y el poeta sobre los debates físicos, lingüísticos, espirituales y filosóficos que afectan la humanidad. Al final, cualquier lugar en el mundo podría ser un prostíbulo: un lugar donde usamos con deshonra aquello que poseemos que en sí es venerable. Nuestras posesiones pueden ser nuestros cuerpos, nuestras palabras o nuestros principios. Los vendemos o los envilecemos en las calles, en el trabajo y en los espacios sacros.

Un solo poema o un grupo de poemas no es referente exclusivo a este amplio cuadro poético, pero cada verso provee un pigmento especial que aplicado con pincel seguro muestra un lienzo más excelso. Cada gota de color sugiere un microcosmo de una escena que solo es visible a través del diálogo entre los colores y la percepción profunda que el mismo lector trae a la obra poética.

Configurations of emergence, development, deconstruction and reinvention of Brothel of the Word

Prostíbulo de la palabra is Benito Pastoriza Iyodo's fourth collection of poetry. The present edition is accompanied by its English translation titled *Brothel of the Word*. This bilingual volume exposes the reader to a work diverse in themes, structure and format. The book is a collection that encapsulates the people, places, beliefs and actions implicit in the concepts presented in the operative terms "brothel" and "word" in their physical, linguistic and spiritual incarnations.

The title of the book refers to two spheres of society not usually linked by everyday logic: the bordello and the utterance. A *brothel* is associated with prostitution and payment for sexual favors while the *word* is generally thought of as a communication tool used for functional, cultural and civil discourse. The title engenders curiosity about how the poet will interconnect these two concepts. A brothel is a place, identified primarily by the actors that inhabit it and the actions that occur within its space. The actors are those that buy and sell sexual favors, with the more permanent of the residents being the women (prostitutes) who, by definition, are being prostituted.

According to the Spanish Dictionary of Usage by María Moliner, to prostitute is " . . . To make someone use dishonorably whatever that person possesses and that in itself is noble, selling it or vilifying it as in "to prostitute his/her intelligence." Since the use of the term goes beyond the world associated with the sexual act, it should be no surprise that the poetic subject moves from the confines of a building (the brothel) to the environs where prostitution manifests itself in the impure and many times masked manipulation of language and mankind within a broader, more global brothel. Throughout the arc of the collection the author makes the connection of prostitute and word within a variety of ambiances. Within these spaces await the women or the word: freely given or surrendered, sometimes masked, sometimes with covert purpose; ready to entangle themselves with the ideas, words or beliefs that the reader brings to the interpretation of the text.

The titles given to each of the three parts of this volume provide clues to the content of the poems that follow. While not chronological nor lineal, the poems in the first section prepare the reader to be open to new twists on the themes of creation, beauty, pleasure, suffering, control, judgment, release, hypocrisy and redemption. Rather than constructing a linear sequence with the poems, the poet threads multiple themes throughout the three parts of the book. With these threads a tapestry is woven that produces an effect akin to a pointillist painting by Georges Seurat. Each poem stands on its own and can be appreciated and analyzed in isolation. However, the same poem is also designed to play a role in creating a larger vision, informed by the dialog among poems dispersed throughout the tome and by the personal experiences and ideals of the reader.

The title of the first chapter, *breviary of bodies*, seems an oxymoron at the very least. What could a missal of hymns, psalms and prayers have to do with human bodies? This section explores the birth of the body, the passion of the sexual act, the release, the prostitute, the poverty, the city and the shame cast upon the prostitute. It also makes the first forays into the realm of societal prejudices regarding prostitution. It speaks to man's invention of the idea of prostitution and its reason for existence. But this part also foreshadows new themes which break away from the traditional brothel and introduce the spaces associated with urban settings and the social milieu, expanding prostitution beyond the sexual to the linguistic.

In the second section, *the constant saying*, the theme of language becomes the centerpiece of the chapter. Here a semantic shift takes place that evolves from the use of language for describing prostitutes and prostitution to the topics of language, the word, poetry, poets, the city and social interaction in a variety of situations. This part of the book begins with "the days of new autumn" which introduces the subject of the poet, referring to the poetic vision and its verbal games. This theme recurs throughout the section, including references to the excesses of romanticism, the misuse and disuse of language and the search for authenticity in the face of canonical exigencies. This group of poems also includes four compositions that are either dedicated to or inspired by Latin American poets. Please note that a fifth scholar is referenced in the third part of the book.

The last poem in *the constant saying*, "the thread of the verb," provides a metaphorical vision of the life cycle of language.

a thread emanated from the bonfire
like a force of light in the verb
intimate quiet like fine string

perching itself on the oak of summer
thread made child constant dawn
divulged sayings began to tell tales
sleeping coquis revealed in verses
two by two becoming rain river city
wood madam wind corner poem
and the thread returned to the unknown
where once lived the shame of the constant saying.

The second part also continues treating the theme of female prostitution, from a single wandering protagonist under the muted city lights to the eruption of euphemistic nomenclature used in referring to sex workers. This disgorgement of synonyms is followed by "triptych to saint friday" in which Pastoriza Iyodo holds true to his mantra of avoiding the use of capital letters and punctuation in his poetry. This triptych was, in part, foreshadowed in the first chapter by "infantas" which is the first reference to the church, followed by "trilogy of the brothel I" which takes place in a house of ill repute: " . . . so they embrace you as if they were burning daggers from hell ay ay I didn't want to they forced me I had to be macho to prove my loyalty the name the name what was the name of that body he remains open worn out from confessions of deaths of rosaries that the brothel sanctifies in the name of the father of the son of the holy spirit and you end up absolved forever because the money . . ."

The confusion about absolution continues in the second section with "triptych to saint friday." Good Friday would be written Viernes Santo in Spanish, but Pastoriza Iyodo inverts the syntax, giving it a wholly new meaning: saint friday. This ironic linguistic twist presages the inconsistencies of spiritual doctrine and the hypocrisy of myriad individuals—from prostitute to drug dealer to mafia boss—who take a one-day respite from their accelerated lives in observance of a holy day. The triptych is one of several poems that opens the path to dialog with the reader, examining established customs and questioning whether mankind has been truly prepared for independent thought and action or if we rely on others to establish the rules to which we conform.

The third section is titled *the given word*. The title of the final section was the most challenging to translate, as it refers to the verb "entregar" which has a multiplicity of meanings, some being more positive than others (i.e.: given vs. surrendered). The poems within this section vacillate between the gift of language, its eventual demise and its surrender to be used by others for their own benefit to the detriment of others. This multiplicity of possibilities reflects a parallel between society's use of the gift of humanity and communication. While there is no exact equivalent that presents this ambiguity in the two languages, I chose the word "given" to express the nuances of "entregada."

Each of the poems in this section continues the conversational thread built across the three sections, including references to astrology, mythology, societal conventions as mechanisms of control and crimes (against women and civility). Poems about the state of mankind and our use of language are, as the title of this section suggests, ambiguous. Some are hopeful and others concentrate on the destruction of the word as we know it. But again, the poem titled "predator of doves" speaks of breaking with tradition: "free us from the hatred / of the ancient unbearable / cataclysm of words / insurgents like the spiders / of darwinian winters." As posited in the poems on societal norms, laws and rules are all invented by men. Some of these constant sayings may have their origins in justice and reason. Others are used to control society for the benefit of the few. As men are freed from unjust words, judgments and limitations, new words with precarious beginnings are created. The same occurs with language and poetry. The "constant saying" serves its purpose and falls into misuse, disuse and obsolescence.

In the second section of the book, the poet searches for a voice, a new voice, a unique voice with new sayings. But as evoked in the poem "two voices I" the desire is to "omit the unparalleled tragedy of the new word." This tragedy is the thread of the verb, born of the fire, with the potential to become part of the fabric of language and literature, for as long as the viability of the word is maintained by mankind. The dialog between the poems transforms into a conversation among the reader, the poetry and the poet in the physical, linguistic, spiritual and philosophic debates that affect humanity. In the end, any place in the world can be a brothel: a place where we use dishonorably whatever we possess that is noble in and of itself. Our possessions may be our bodies, our words, our talents or our principles. We sell them or vilify them in the streets, at work and in sacred spaces.

No single poem or group of poems speaks exclusively to this broad poetic image, yet each verse provides a bright color applied by a steady brush to a larger canvas. Each spot of color suggests a microcosm of the scene that is only visible through the dialog between the colors and the depth of perception brought to the poetic work by the reader.

Bradley Warren Davis
State College of Florida

BIOGRAFÍAS

BENITO PASTORIZA IYODO

Benito Pastoriza Iyodo ha sido ganador de varios premios en los géneros de poesía y cuento. El Ateneo Puertorriqueño premió su poemario *Gotas verdes para la ciudad* y el cuento *El indiscreto encanto*. Recibió el premio en poesía del Latino Chicano Literary Prize por su libro *Lo coloro de lo incoloro*, publicado por la Universidad de California. Su poemario *Cartas a la sombra de tu piel* obtuvo el premio Voces Selectas y fue publicado por Luz Bilingual Press y Tierra Firme. Publicó el poemario *Elegías de septiembre* con Tierra Firme en 2003. Fue co-fundador de varias revistas especializadas en la difusión de la literatura escrita por latinos en los Estados Unidos. Su libro de cuentos, *Cuestión de hombres*, fue publicado por el Latino Press de la Universidad Estatal de Nueva York. En 2005 obtiene premio en poesía de Terra Austral Editores que publica su poesía. El mismo año aparece su poesía en la antología *Poetic Voices Without Borders*. En 2006 obtiene premios en poesía y cuento del certamen Manuel Joglar Cacho. Al final del 2006 aparece el libro de relatos *Nena, nena de mi corazón* publicado por Xlibris. En el 2008 se publica la novela *El agua del paraíso*. En el 2009 se publica su poesía en la antología *Poetic Voices Without Borders II*. En 2010 se publica su obra en España (*Uno, nosotros, todos*) y en Chile (*Para des-contar el hambre*). En el 2011, se incluyen poemas del autor en tres antologías de la Latin Heritage Foundation en los Estados Unidos (*Minotauro, La noche y los guerreros de fuego* y *Con otra voz*).

BRADLEY WARREN DAVIS

Bradley Warren Davis comenzó sus estudios de español en Colombia. Profundizó su conocimiento del español con cursos de literatura y lingüística en Davidson College. En su segundo año de universidad pasa a estudiar en España tomando cursos en cultura y literatura hispánica. En 1979 viaja como interprete a Cuba. Luego desempeñará labores como abogado bilingüe que lo encaminarán hacia la enseñanza y administración universitaria. Su interés hacia la literatura lo ha llevado a traducir obras de Rose Mary Salum, Carlos Manuel Rivera y Benito Pastoriza Iyodo. Sus traducciones han sido publicadas en revistas literarias y ha sido premiado en el campo de la traducción. Anteriormente Bradley Warren Davis ha editado, traducido y prologado dos libros: *September Elegies* y *A Matter of Men*. En 2011 se publicó un estudio suyo sobre poética en una antología titulada *Poesía hispana en los Estados Unidos*, publicado por ALDEEU (Asociación de Licenciados y Doctores Españoles en los Estados Unidos). En 2012 la Latin Heritage Foundation publica su ensayo titulado "Translation of Poetry: Analysis, Conversion and Transference." *Prostíbulo de la palabra* es el tercer tomo de Benito Pastoriza Iyodo traducido y prologado por él.

Indice

breviario de cuerpos

el constante decir

Table of Contents

breviary of bodies

the constant saying

la palabra entregada

the given word

Notas

Biografías

Notes

CPSIA information can be obtained at www.ICGtesting.com
Printed in the USA
LVOW042216220512

282850LV00001B/63/P